Bunter Kinder-Kosmos

Bunter Kinder-Kosmos

Tiere in Fluß und Teich

Kosmos · Gesellschaft der Naturfreunde
Franckh'sche Verlagshandlung · Stuttgart

Titel der italienischen Originalausgabe
GUARDA E SCOPRI GLI ANIMALI
DEL FIUME E DELLO STAGNO

Herausgeber und künstlerische Leitung
RINALDO D. D'AMI

Mit 253 farbigen Illustrationen von
SERGIO BORELLA, GENNY BUCCHERI,
DINO BUSETTO, GIOVANNI CASELLI,
NATALE FEDELI, GIUSEPPE FESTINO,
EZIO GIGLIOLI, HEROS KARA,
BRUNO PENNISI, M. FAUSTA VAGLIERI,
GUIDO ZUCCA

Italienische Originalausgabe
PRODUZIONI EDITORIALI D'AMI

Übersetzt ins Deutsche von
INGEBORG UNTERREINER

Der Bunte Kinder-Kosmos –
eine Buchreihe, die Interessantes und Wissenswertes aus der Natur zeigt.

TIERE IN HAUS UND GARTEN
TIERE IN FELD UND HOF
TIERE IN WALD UND FLUR
TIERE IN SCHILF UND SEE
TIERE AUS BERG UND TAL
TIERE IN EIS UND SCHNEE
TIERE IN URWALD UND WÜSTE
TIERE AN STRAND UND KÜSTE
TIERE AUS PAMPA UND TROPENWALD
TIERE AUS STEPPE UND DSCHUNGEL
TIERE AUS OZEAN UND TIEFSEE
TIERE AUS PRÄRIE UND STROM
TIERE DER UR- UND VORZEIT
TIERE IN BUSCH UND REGENWALD
MENSCHEN UND TIERE
TIERE IN WIND UND MEER
MENSCHEN AUF DEM MEERESGRUND
GROSSE ERFINDUNGEN

6. Auflage, 61.–80. Tausend
Franckh'sche Verlagshandlung, W. Keller & Co.,
Stuttgart / 1974

Printed in Italy / Imprimé en Italie
LH 9 Ste / ISBN 3-440-03542-5
Gesamtherstellung: Stab. Grafico Marietti, Torino

Wenn wir am Ufer eines Flusses oder Teiches einen Spaziergang machen, so ahnen wir oft nicht, welch vielfältiges, geheimnisvolles Leben sich dort abspielt. Aber bleiben wir eine Zeitlang stehen: Plötzlich schießt ein leuchtender Pfeil vorbei, der Eisvogel. Ein leises Plätschern und zwei Knopfaugen in einem pelzigen Gesicht tauchen auf – der Fischotter. Bunte Käfer huschen ins Wasser, seltsam geformte Larven hängen unter der Wasseroberfläche. Würden wir weiter ins Wasser gehen, so fänden wir noch merkwürdigere Bewohner: Einen Fisch mit einer Halskrause, einen Vogel, der auf dem Grund des Flusses läuft, eine Muschel, mit Schalen wie ein Scharnier!

Dieses Buch ist ein solcher Spaziergang am Ufer von Fluß und Teich. In 253 farbigen Bildern lernen wir die Bewohner kennen und erfahren mehr über sie und ihre Lebensgewohnheiten.

Der Eisvogel

Der Eisvogel hat prächtige Farben. Er lebt als Einzelgänger an den Bächen und Flüssen Europas. Eine alte griechische Sage erzählt von Alkyone, der Gemahlin des Königs Keyx. Als diese sah, wie ihr auf einer Seefahrt ertrunkener Gatte an Land gespült wurde, wurde sie in einen Eisvogel verwandelt.
Aber es liegt wirklich eine Art Zauber auf dem Eisvogel mit seinem prunkhaften Gewand. Doch der Glanz seines Federkleides stimmt nicht mit seiner Gestalt überein; er hat einen dicken Kopf, einen langen Schnabel, einen kurzen und dicken Rumpf, einen sehr kurzen Schwanz und kurze Beine.
Den Grund für diesen plumpen Körperbau erkennt man, wenn man den Eisvogel bei der Jagd beobachtet. Sobald der Eisvogel einen Fisch aus der Luft erspäht hat, stößt er hinunter – sein kleiner gespannter Körper gleicht im Fluge einem Wurfgeschoß –, er durchbricht die Wasseroberfläche und trifft sein Ziel. Er lebt vom Fischfang.

Weißt du,
daß ein Eisvogel täglich etwa fünfzehn Fische fressen kann? Daß er einen außerordentlich scharfen Blick hat, und daß seine Augen auch unter Wasser ausgezeichnet sehen können? Daß seine hauptsächlichen Feinde Wasserratten und Wiesel sind?

Lieblingsnahrung:

kleine Fische

Wasserinsekten

Frösche

Nichts entgeht dem spähenden Auge des Eisvogels. Er setzt sich auf einen Ast am Bachufer auf die Lauer und wenn er einen Fisch erblickt, stößt er pfeilgeschwind auf ihn nieder.

Sobald er den kleinen Fisch gepackt hat, kehrt der Eisvogel auf seinen Ausgangspunkt zurück, wo er seine Beute sofort frißt. Oft bewahren diese Vögel auch einige Fische auf.

Bei Frühlingsanfang ist die Paarungszeit des Eisvogels. Das Männchen umwirbt das Weibchen, indem er es am Schnabel festhält. So werden die beiden Eisvögel ein Paar.

Am Ufer eines Wasserlaufs gräbt das junge Vogelpaar mit dem Schnabel sein Nest. Ein Gang führt zu einer Bruthöhle. Nun legt das Weibchen Eier hinein. Im allgemeinen sind es 6 – 7.

Reihum verteilt die Mutter das Futter an die Kleinen. Die hungrigen Jungen stellen sich im Kreis auf, das erste öffnet den Schnabel, und die Mutter füttert es. Dann kommen auch die anderen dran.

Im eigenen Jagdrevier duldet der Eisvogel keinen anderen Vogel. Hier oben sehen wir einen Eindringling, der von dem wenig gastfreundlichen Revierherrn verjagt wird.

Der Flußkrebs

»Er wird rot wie ein Krebs«, sagt man manchmal. Aber ist denn der Krebs wirklich rot? In Wirklichkeit hat unser Flußkrebs nur im Kochtopf eine rote Farbe, und er ist auf den Tischen der Feinschmecker, die sein köstliches Fleisch lieben, besonders schön anzusehen. Eine andere alte Redensart sagt: »Er geht den Krebsgang.« Damit will man ausdrücken, daß jemand rückwärts geht. Aber normalerweise läuft unser Tier mit den vielen Füßen (zehn an der Zahl) vorwärts. Wenn er aber angefallen oder beunruhigt wird, verzieht er sich nach rückwärts, indem er seinen Schwanz nach vorne einschlägt, wodurch er einen Rückstoß erhält.
Der Krebs ist von Natur aus scheu, jedoch fehlt es ihm nicht an Mut und Draufgängertum, wenn er sich seiner Haut wehren muß. Mit seinen charakteristischen Fangwerkzeugen, diesen zwei riesenhaften Scheren, die du vor seinem Kopf ausgestreckt siehst, kann er seine Beute packen. Seine langen Antennen (Sinnesorgane) und sein Schutzpanzer geben ihm das Aussehen eines gepanzerten Ritters.

Weißt du,
daß der Flußkrebs Augen hat, die auf beweglichen Stielen sitzen? Daß der Flußkrebs bis zu zwanzig Jahre alt werden kann?

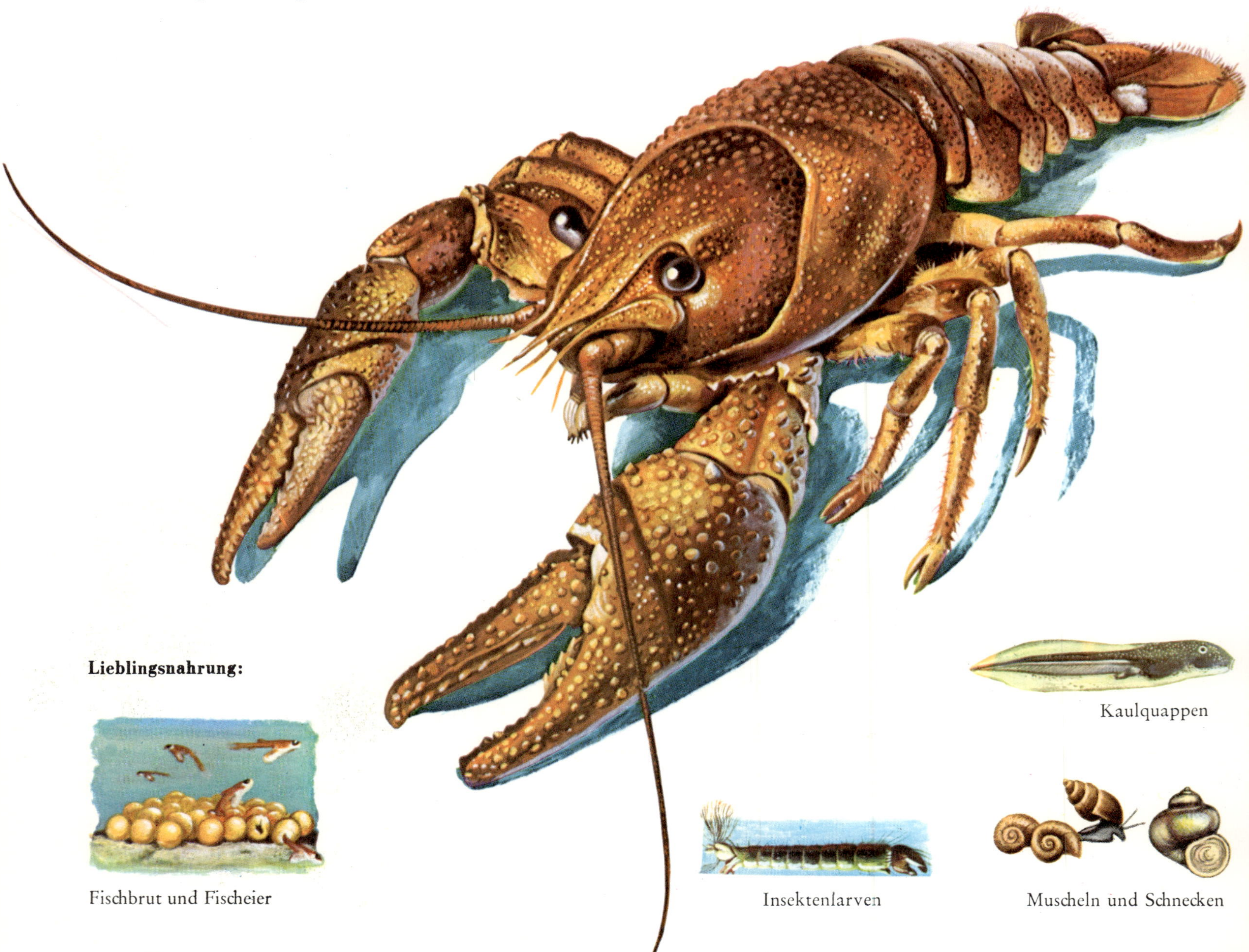

Lieblingsnahrung:

Kaulquappen

Fischbrut und Fischeier

Insektenlarven

Muscheln und Schnecken

In der Paarungszeit bekämpfen sich die Männchen gegenseitig mit großer Heftigkeit. Während des Kampfes verlieren manche von ihnen sogar ein Glied oder eine Schere. Aber keine Angst, denn sie wachsen ihnen wieder von neuem.

In diesem Moment gibt der Krebs dem Sprichwort recht, nach dem er rückwärts laufen würde. Wenn er eingeschüchtert oder angegriffen wird, schlägt er mit dem Schwanze. Das ermöglicht ihm einen Rückzug, und er ist gerettet.

Unser Freund macht eine seiner periodischen Häutungen durch, das heißt, er wechselt seinen Panzer. Dieser löst sich vollständig von der Haut, und einen Moment lang glaubt man, einen undurchsichtigen Zwilling des Krebses zu sehen.

Und hier ist Mutter Krebs, die ihre Jungen spazierenträgt. Sieh sie dir an: Sie ähneln schon den erwachsenen Tieren. Wenn die Mutter schwimmend ihr Nest verläßt, hängen die Kleinen am äußersten Ende ihres Unterleibes.

Der Krebs liegt immer auf der Lauer. Wenn ein Fischlein zwischen die starken Scheren gerät, ist es des sicheren Todes gewiß. Dann führt es der Flußkrebs zum Munde, zerbeißt und verschlingt es.

Der Krebs überdauert die kalte Jahreszeit in Winterstarre auf dem Grunde seines Wohngewässers. Daneben überwintert im Schlamm auch ein Frosch in starrem Zustand.

Der Biber

Er hat viele Berufe: Ingenieur, Maurer, Zimmermann, Wasserbaumeister, Holzfäller, Flößer. Dieses Universalgenie ist der Biber, das seltenste und größte Nagetier unseres Kontinents (Länge: oft mehr als einen Meter, Gewicht: bis zu dreißig Kilogramm). Er besitzt ein starkes Gebiß, mit dem er dicke Stämme von Weiden und Eschen fällt, indem er sie unten annagt. Dies ist das Material, das für seine Bauten unerläßlich ist. Seine Vorderbeine enden in Greifpfoten, die Gegenstände handhaben können, während die Hinterpfoten lange Zehen besitzen, die durch eine Haut miteinander verbunden sind und ausgezeichnete Ruder darstellen. Wenn der Biber schwimmt, dient sein breiter, platter Schwanz als Steuerruder, wenn er sich auf seine Hinterpfoten stellt, ist er für ihn eine Stütze und bei der Arbeit eine Maurerkelle. Jede Nacht müht er sich ab, Dämme zu errichten und Höhlen und Burgen zu bauen. Auf Grund seiner körperlichen Beweglichkeit weiß er sich gut zu verteidigen, ist sonst aber friedliebend.

Weißt du,

daß die Biber, wenn sie das Holz für ihre Bauten nicht in der Nähe finden, es auch von entfernten Bäumen abnagen und auf voraus gegrabenen Wasserkanälen transportieren? Daß diese Tiere bis zu einer Viertelstunde tauchen können? Daß er unter Naturschutz steht?

Lieblingsnahrung:

Baumrinde und

Wasserpflanzen

Hier ist ein Bild, das die Biber beim Dammbau zeigt. Mit ihren sehr starken Zähnen durchnagen sie die Baumstämme und lassen sie in das Wasser fallen, damit sie an den Ort geschwemmt werden, den sie absperren wollen. Durch Schlamm, Steine und pflanzliche Reste werden die Stämme über den Wasserlauf miteinander verbunden und bilden einen langen Damm.

Die Baukolonne am Werk: Ein »Kneter«, der den Schlamm mit dem Schwanze schlägt, bereitet das verbindende Material zu, ein »Hilfsarbeiter« drückt den angerührten Brei an die Brust und bringt ihn den »Maurern«. Bald wird die Burg fertig sein.

Dies ist der Querschnitt einer Biberburg mit dem Notausgang nach oben und den Eingängen unter der Wasseroberfläche. In der Mitte dieser Wasserburg befindet sich eine Plattform über der Wasseroberfläche.

»Alarm, Alarm«. Durch rasendes Schlagen mit dem Schwanze auf die Wasseroberfläche warnt der Biber die ganze Gemeinschaft. Ein kleiner Biber wird von seiner Mutter, die ihn auf dem Schwanze schleppt, in Sicherheit gebracht.

Mutter Biber drückt ihr Junges in einer fast menschlichen Haltung mit ihren Armen an die Brust. Nach einer arbeitsreichen Nacht reinigt und kämmt Vater Biber mit den Nägeln sein dichtes Fell.

Der Fischotter

Wenn du einen kurzen Besuch bei den wunderschönen Fischottern machen willst, wirst du sie schwerlich zu Hause antreffen. Der Fischotter ist ein sehr neugieriges Tier. Er ist immer unterwegs, ein richtiger Zigeuner des Tierreichs. Ununterbrochen streicht er zu Wasser und zu Land umher und stillt seinen großen Hunger an den dort lebenden Tieren. Bei allem, was die Fischotter tun, machen sich ihr neugieriges Wesen und ihre erstaunlichen Schwimmkünste bemerkbar. Wenn der Mensch ihn nicht jagen würde, wäre der Fischotter in seiner Umgebung fast unschlagbar. Dieses wendige Raubtier ist mit einem wunderschönen oberen Pelz und einem warmen und weichen Unterpelz bekleidet. Er hat einen oft über einen Meter langen, biegsamen Körper mit einem Gewicht von ungefähr zehn Kilogramm und eine stromlinienförmige Gestalt, kurze Beine, Zehen mit Schwimmhäuten und einen langen, kräftigen, spatenförmigen Schwanz, ein richtiges Steuerruder. Was kann es für ihn Schöneres geben, als daß er in seinen Wasserläufen wie ein Herrscher lebt?

Weißt du,
daß sich der Fischotter leicht zähmen läßt? Daß er auf allen Erdteilen lebt, außer in Australien? Daß er verschiedenartige Geräusche erzeugt, darunter ein charakteristisches Pfeifen, um sich mit seinen Artgenossen zu verständigen?

Lieblingsnahrung:

Nagetiere

Amphibien

Fische

Wasservögel

Hier ist die Höhle des Fischotters im Schnitt gezeichnet. Sie hat zwei Ausgänge: Den Hauptausgang unter Wasser und den Notausgang, der auf das Festland mündet und auch als Luftschacht dient. Die Mutter füttert ihre Jungen mit Fisch.

Mutter Fischotter lehrt ihre Kleinen, die sich anfangs nur zögernd zeigen und von ihr zum Abhang geschubst werden müssen, das Spiel des Rutschens. Dieses wird später zum Lieblingszeitvertreib der lebhaften Jungen.

Fischfangunterricht: Die Kleinen lernen schnell. Viele Vorteile begünstigen die Fischotter beim Schwimmen. Unter anderem haben sie in den Nasenflügeln und Ohren Klappen, die die Öffnungen im Wasser verschließen.

Hier sehen wir unser Raubtier inmitten eines Fischschwarms. Mit starken Schwanzschlägen verbreitet er Furcht unter den Fischen und treibt sie in eine seichtere Bucht, wo er sie viel leichter fassen kann.

Hier zwei Fischottern in ihren eigentümlichen Haltungen: Einen sehen wir aufgerichtet mit vorgestreckter Schnauze wittern, der andere, schmal und schlank, gleitet schnell durch das Wasser wie eine Schlange.

Der Fischotter kann sich überall helfen. Auch wenn das Eis das Wasser vollkommen zudeckt, holt er sich seine Nahrung. Da er sehr gerne spielt, benutzt er die Eisfläche als Rutschbahn.

Der Wels

Sein Kopf ist überaus groß und platt, das Maul breit wie beim Frosch. Sein Gesicht wird überwuchert von zwei großen dicken Bartfäden. Sein dicker Körper kann bis zu drei Meter lang werden. Dies sind die Merkmale des europäischen Wels. Dieser riesige Fisch, der »Schwergewichtler« unter den Süßwasserbewohnern (Gewicht bis zu 300 kg), lebt vor allem in den Flüssen des Donaubeckens, aber er ist auch weit entfernt im Aralsee in Rußland zu finden. Seine bevorzugte Umwelt ist der dunkle, schlammige Grund, wo ihn das trübe Wasser vor den anderen Bewohnern der Unterwasserwelt verbirgt. Dort unten ruht sich der Wels den ganzen Tag aus. Pünktlich beim Dunkelwerden, als ob ihn im Innern seines Körpers ein Uhrwerk weckte, beginnt er seine Jagd. Indem er sich seiner fleischigen Barteln bedient, die er wie Radarantennen schwingen läßt, stürzt sich dieser Riese der Flüsse auf seine Beute, die aus Amphibien, Fischen jeder Art, Wasservögeln und Säugetieren besteht. Um seinen Hunger zu stillen, streift er bis zum frühen Morgengrauen umher, bis ihm die »innere Uhr« mitteilt, daß die Jagd zu Ende geht. Dann kehrt der Gigant der Flüsse mit vollem Bauch zurück, um sich auf seinem Schlammbett auszuruhen und um sich den Schlaf der Satten zu gönnen.

Weißt du,
daß der europäische Wels über 80 Jahre alt werden kann? Daß eine exotische Art der Welse starke elektrische Stromschläge austeilen kann?

Lieblingsnahrung:

Fische

Amphibien

Wasservögel

Am Ende des Frühlings legt das Weibchen des Welses bis zu hunderttausend Eier, Bällchen von nur 3 mm Durchmesser, auf die Wasserpflanzen der tiefen Gründe.

Vater Wels legt sich hinter die Pflanzen und bewacht die Eier gut, die auf den Blättern haften. Wegen der vielen Flußräuber bleiben iedoch nur wenige seiner Jungen am Leben.

Beim Anbruch der Nacht begibt sich der Wels auf die Jagd. Hier sehen wir seine langen beweglichen Barteln in Funktion: Auf der Nahrungssuche durchforscht er mit ihnen aufmerksam den Schlammboden.

Diese sehr langen Barteln, die so empfindlich sind, daß sie die Augen im trüben Wasser ersetzen können, dienen auch als Köder, um arglose kleine Fische anzulocken.

Die Gefräßigkeit des Welses ist so groß, daß er mit nichts zufrieden ist. Deshalb treibt es ihn an die Oberfläche, wo er sogar Wasserratten und Wasservögel fängt.

Die dunkle und mächtige Silhouette des europäischen Welses erschreckt die Badenden. Da sie fürchten, daß der riesige Fisch sogar den Menschen anzugreifen wagt, hasten sie schnell ans Ufer.

Die Forelle

Kein Fischer, der etwas auf sich hält, will das Ufer eines Sturzbaches verlassen, ohne vorher wenigstens ein Exemplar der zarten und schmackhaften Forelle gefangen zu haben. Von diesem Fisch gibt es verschiedene Arten, die in kalten, bewegten und sauerstoffreichen Gewässern fast aller Kontinente leben. Mit dem ausgezeichneten Fleisch der Forelle werden täglich tausende von Tischen beliefert, und es scheint für die Zubereitung tausende guter Rezepte zu geben. Sein ovaler, mit kleinen Schuppen bedeckter Körper kann die beachtliche Länge von einem halben Meter erreichen. Unter den verschiedenen Arten findet man Riesen, die über 10 kg wiegen. Die Forelle kann ihre Farbe der Umgebung anpassen und verändert sie auch mit der Jahreszeit und ihrem Alter. Sie ernährt sich von lebend erbeuteten Tieren aus dem Strom, die sie zwischen Unterwasserpflanzen und unter Steinen findet. Mit der Zeit der Paarung beginnt der große Auszug der Forellen: Sie schwimmen stromaufwärts, überwinden Wasserfälle, setzen sich der Gefahr durch reißende Gewässer aus und gelangen in beachtliche Höhen, wo sie in der Nähe der Flußquelle ihre Eier ablegen. In dieser Zeit schwimmen auch die See- und Meeresforellen in die Flüsse — ebenso wie die Lachse, mit denen sie eng verwandt sind —, um an ihren Ursprungsort zurückzukehren.

Weißt du,
daß die Forellen bis zu einem halben Jahrhundert alt werden können? Daß sie, da sie so an die Kälte gewöhnt sind, in Gewässern über 18° C nicht überleben? Daß sie auch aus dem Wasser springen, um ein Insekt zu fangen?

Lieblingsnahrung:

Würmer

Fische

Larven von Wasserinsekten

Krebstiere

Die Forellen lieben kalte und sauerstoffreiche Gewässer. Im Frühjahr ziehen sie aus den Flüsssen, die in den Atlantik und in die Ostsee münden, in das Meer hinaus. Es sind die »Meeresforellen«. Sie kehren erst dann in ihre Heimatgewässer zurück, wenn die Laichzeit gekommen ist.

Es ist Herbst, die Zeit der Paarung. Die Forelle folgt einem unwiderstehlichen Drang und schwimmt die Flußläufe aufwärts. Hier sehen wir eine, die einen Wasserfall bezwingen will.

Sobald die ideale Umgebung erreicht ist, legen die Weibchen ihre Eier ab und bedecken sie mit Sand. In dem roten Kreis siehst du eine neugeborene Forelle mit ihrem reich mit Nahrung gefüllten Dottersack.

Wenn einige Tage nach der Geburt die natürlichen Vorräte erschöpft sind, schlüpft die Fischbrut aus dem Nest und begibt sich in den gefahrvollen Fluß.

In Amerika wird die Forellenzucht mit modernsten Mitteln betrieben. Hier sieht man ein Flugzeug, das eine Kapsel mit Forellenbrut fallen läßt.

Der Stichling

»Klein, aber fein.« Dieses alte Sprichwort könnte man vom Stichling sagen, diesem eleganten Fischlein. Er ist ein meisterhafter Baumeister unterirdischer »Bungalows«, die er in den »Grüngebieten« der Flüsse baut. Dies sind die seichten, an Pflanzenwuchs reichen Gewässer. Dort baut der Stichling am Boden ein röhrenförmiges Nest aus Pflanzenteilen, die er mit einer klebrigen Masse verkittet. Da er ein ausgezeichneter Familienvater ist, bleibt er kein ruhiger Bürger, wenn es sich darum handelt, sein eigenes Heim zu verteidigen. Denn dann verwandelt er sich in einen angriffslustigen und gefürchteten Krieger. In vieler Hinsicht erinnert uns der Stichling an einen Ritter, besonders wegen seiner Panzerschuppen und seiner spitzen Stachelflossen. Wie du es hier auf dieser Seite siehst, bekommt er bei der Paarung ein buntes Hochzeitskleid. Darüber siehst du das Weibchen mit seinem dicken Bauch voller Eier.

Weißt du,

daß der Stichling Wasserwirbel erzeugt, um die Festigkeit seines Nestes zu prüfen? Daß er den Boden des Nestes verstärkt, damit dieser von der Strömung nicht weggeschwemmt wird?

Lieblingsnahrung:

Insektenlarven

wirbellose Tiere

Fische

Hier siehst du unseren Stichling in seinem Alltagskleid. Es ist sehr einfach, verglichen mit seinem Hochzeitskleid. Beachte seine drei wehrhaften Rückenstacheln.

Hier sehen wir ihn beim Nestbau. Mit einem besonderen Schleim verbindet er Wasserpflanzen und benützt sein Maul bald wie eine Schaufel, bald wie eine Maurerkelle.

Während das Männchen um das Nest herumschwimmt, bereit, jeden Eindringling aus dieser Gegend zu vertreiben, legt das Weibchen ruhig seine Eier ab.

Wenn der Stichling sicher ist, daß das Weibchen alle Eier abgelegt hat, jagt er sie aus dem Nest, bevor sie anfängt, diese aufzufressen.

Ein dicker Karpfen, der sich dem Gebiet neugierig genähert hat, bleibt aufgespießt an den Rückenstacheln unseres kleinen wilden Kriegers hängen.

Der Stichling macht sich dem Menschen nützlich, weil er eine große Zahl von Larven und Mückeneiern auffrißt. In dem roten Kreis siehst du das Ei einer Mücke.

Der Hecht

Der gefräßige Hecht ist der gefürchtetste Fisch in den europäischen Binnengewässern. Dadurch, daß er hin und her schießt, wird er auch der »Tiger« des Süßwassers genannt. Es gibt keinen Fisch, der nicht erschrickt, wenn er sein schreckliches Maul mit den spitzen Zähnen erblickt. Darüber hinaus erzählt man sich, daß dieses Ungeheuer nicht zögert, die eigenen Jungen zu verschlingen. Der Hecht erreicht eine beträchtliche Länge (einige bis zu zwei Metern). Er kann sehr schnell schwimmen, und durch seine unwiderstehliche Angriffstätigkeit ist er die »Gefahr Nummer Eins« in der Fischwelt. Das wissen die Züchter gut, die ihn in die Teiche setzen, um die Karpfen zu erschrecken und zur Flucht anzutreiben. Der Hecht soll sie in Bewegung halten, damit ihr Fleisch besser schmeckt und zugleich die Nahrungskonkurrenten der Karpfen fressen. So ist wenigstens auch einmal die Angriffslust des Hechtes zu etwas nützlich.

Weißt du,

daß der Hecht mit einer Geschwindigkeit von 40 km pro Stunde schwimmen kann? Daß sein Weibchen ungefähr 100000 Eier legt? Daß bei diesem Fisch der Gesichtssinn besser entwickelt ist als der Geruchssinn? Und daß er folglich die Fischschwärme nicht wittern kann, die deshalb sehr oft vor ihm fliehen können?

Lieblingsnahrung:

Wirbellose Tiere — Fische — Amphibien — Nagetiere

Die Gefräßigkeit treibt den Hecht an die Oberfläche, wo er auch Vögel angreift. An einem einzigen Tag kann er das Dreifache seines Körpergewichts verschlingen.

Hunger, Hunger, ständiger unersättlicher Hunger ist das Schicksal des wilden Seeräubers. Hier sehen wir den hungrigen Hecht, wie er Jagd auf die eigenen Nachkommen macht.

Hier sehen wir zwei junge Hechte, die sich anscheinend harmlos gegenüberstehen. Ihr unersättlicher Appetit läßt sie aufeinander losgehen. Derjenige, der mit den Zähnen am schnellsten zubeißen kann, wird den anderen verschlingen. Sieh dir einmal diese Reihenfolge an: Zusammentreffen, Biß, Verschlingen. Von den beiden Fischen bleibt nur einer übrig und zwar ein viel dickerer als vorher, da er in seinem großen Bauch den Bruder verdaut.

Manchmal wagt es der Hecht auch, den Menschen anzugreifen. Wenn er ihm beim Baden zu nahe kommt, kann er einen Menschen plötzlich mit den Zähnen packen.

Dort, wo die Pflanzenwelt im Wasser am dichtesten ist, hält er sich auf, ohne bemerkt zu werden. Der Umgebung paßt er sich an, indem er unbeweglich bleibt.

Die Wasseramsel

Am Rande eines Baches oder Flusses, zwischen Steinen, die aus dem Wasser ragen, kann man manchmal einen bräunlichen Vogel mit weißem Brustlatz sehen. Es ist die Wasseramsel, die ein großer Meister im Tauchen und Schwimmen ist. Während die gewöhnliche Amsel nur ins Wasser geht, um sich zu erfrischen, hat die Wasseramsel im Wasser ihren Lebensraum, insbesondere in den kalten Gebirgsbächen. Ihr schriller und leicht metallisch klingender Ruf vermischt sich mit dem Brausen des Wasserfalls. Dann plötzlich wird der etwas schwerfällige Triller abrupt unterbrochen, und der kleine Vogel taucht auf den Grund hinab, um zwischen den Kieselsteinen zu pikken: Er ist ein Taucher. Wenn er danach wieder emporkommt, springt er lebhaft umher und stößt seine schrillen Rufe aus.

Weißt du,

daß sich der Lebensraum der Wasseramsel über eine Länge von ungefähr vier Kilometern entlang eines Wasserlaufes erstreckt? Daß sie in mehr oder weniger regelmäßigen Abständen dieses Gebiet nach Beute absucht und jeden Eindringling verjagt?

Lieblingsnahrung:

Wasserinsekten und Larven

Fischeier

Krebstiere

Während neun Monaten des Jahres läßt die Wasseramsel ihr Zwitschern erklingen, das nur während der Sommerzeit etwas schwächer wird. Ihr Gesang erinnert an den des Zaunkönigs, mit dem sie verwandt ist.

Die Wasseramsel kann unter Wasser gehen und sogar auf dem Sand und den Kieselsteinen des Grundes nach Nahrung suchen.

Gewöhnlich baut die Wasseramsel ihr Nest in der Nähe von Wasserfällen und manchmal direkt hinter diesen. Die Kleinen, die hier gut geschützt sind, erwarten die Mutter mit der Nahrung.

Hier wird unsere Wasseramsel im Fluge von einem Falken überrascht. Sie bringt sich in Sicherheit, indem sie sich in das Wasser stürzt. Sie kann sich nicht lange unter Wasser halten, aber dem Raubvogel ist sie entkommen.

Die »Liebeserklärung« bei diesen kleinen Vögeln ist sehr einfach: Das Anbieten eines guten Bissens gewinnt das Weibchen. Sie nimmt das Geschenk des Freiers an und ist zur Hochzeit bereit.

Noch bevor die Kleinen die Kunst des Fliegens erlernen, üben sie im Wasser des Sturzbaches Tauchen und Schwimmen. Dabei versorgen sie sich mit Futter. Die Kleinen sind jetzt selbständig und müssen auf sich selbst aufpassen.

Der Grottenolm

Erinnerst du dich an das Märchen von Peter Pan, dem Jungen, der sich weigerte zu wachsen? Es gibt im Tierreich eine Kreatur, die etwa 25 Zentimeter lang ist, den Grottenolm, der die Geschichte von Peter Pan wiederholt. Die Entwicklung des Grottenolms bleibt in einem frühen Stadium tierischen Lebens stehen. Er lebt in einer geheimnisvollen und alten Welt: den Grotten. Er hat ein bleiches und durchsichtiges Gewand, einen zylindrischen Körper und ein Maul mit winkligen Spitzen. Er verbringt sein Leben im ewigen Dunkel der Grotten, in den Gewässern des Karstes Jugoslawiens. Dort in den unterirdischen Bächen und Seen ist er der unbestrittene Herr dieser seiner dunklen und schweigsamen Welt. Die Dunkelheit ließ die Augen dieses Molches fast vollkommen verkümmern. Aber dieser Mangel wird wunderbar ausgeglichen, denn die Haut seines Körpers hat die Eigenschaft, jede Art von Sinnesempfindung anzuzeigen, also die Welt, in der er sich bewegt, zu »sehen«. Jedenfalls ist dieser Peter Pan der Höhlen ein sehr seltsames, ungewöhnliches und geschütztes Tier.

Weißt du,
daß der Grottenolm sehr lange Zeit ohne Nahrung leben kann?

Lieblingsnahrung:

Wirbellose Tiere

Der Grottenolm lebt immer in der Tiefe, wo das Wasser ständig durch die natürlichen Strömungen erneuert wird. Zum Luftholen steigt er nur dann hoch, wenn das Wasser nicht mehr genug Sauerstoff enthält.

Pflanzenreste werden von den Strömungen auf den Grund der unterirdischen Gewässer gespült und versorgen den Grottenolm reichlich mit Futter. Hier sucht er auch nach Krebstieren, Würmern und verschiedenen Insektenlarven.

Das Weibchen legt ein Häufchen Eier an die Decke der kleinen Höhle, die es zusammen mit dem Männchen bewohnt. Das Männchen hat die Aufgabe, in der Nähe der Eier herumzuschwänzeln, um eine Strömung zu erzeugen.

Nach einem starken Regenguß können beim Zurückgehen der übergetretenen unterirdischen Flüsse auf dem Festland einige Grottenolme zurückbleiben, die außerhalb des Wassers nur wenige Stunden leben können.

Der Grottenolm ist einer der wenigen lebenden Fossilien der europischen Tierwelt. Neben anderen Merkmalen hat er drei Zehen an den vorderen Beinen und nur zwei Zehen an den hinteren Beinen. Er ist vorzüglich an das Leben in Dunkelheit angepaßt.

Eine Kuriosität: Licht wirkt auf die Haut des Grottenolms wie auf eine Fotoplatte. Wir sehen ihn also schwarz im weißen Licht und hell im roten Licht. Die Larve eines Grottenolms hat gut sichtbare Augen. Im Laufe der Entwicklung verkümmern sie.

Der Bienenfresser

»Wie mit dem Pinsel gemalt«, sagen wir manchmal von einem besonders anziehenden Motiv. Bei diesem wunderschönen Vogel könnte man sagen, er sei mit dem Pinsel in sieben Farben gemalt. Tatsächlich wird der Bienenfresser oft einfach Siebenfarbenvogel oder Regenbogenvogel genannt. Nicht nur seine prächtige Farbe, auch die windschnittige Linie seines etwa dreißig cm langen Körpers gefällt. Seine gebogenen, starken Flügel machen ihn zum Meister des schnellen Fluges. Der Schnabel ist lang, stark und gebogen und sehr geeignet für die Jagd aus der Luft. Schönheit ist nicht das einzige Attribut unseres Bienenfressers; er ist auch ein recht geselliges Tier. Es schließen sich viele Genossen seiner Art zu zwitschernden Gesellschaften zusammen, teilen oft die Unterkunft und leben in der Gemeinschaft. Du siehst ihn sich hochschnellen und an Höhe gewinnen, bis er fast im Blau des Himmels verschwunden ist. Dann gleitet er im schnellen, weiten Flug herunter, um den Erdboden beinahe zu berühren. Mit immer neuen eleganten Figuren ist dieses Schauspiel sehr abwechslungsreich. Häufig unterbricht er seinen »Ballettflug«, um seine Gefährtin zu besuchen, die er mit einem Pfeifen an den Eingang des Nestes ruft. Er bringt ihr und den Jungen eine große Portion der gefangenen Insekten.

Weißt du,
daß der Bienenfresser täglich das doppelte seines Gewichts an schädlichen Insekten frißt? Daß diese Vögel gegen das Gift von Bienen und Wespen, von denen sie sich ernähren, immun sind?

Lieblingsnahrung:

Insekten

In der Paarungszeit lassen sich die Bienenfresser entlang von Flüssen nieder, deren Ufer sich als Steilküsten erheben. Mit dem starken Schnabel graben sie sich Gänge in die Steilwände. Im Innern ist ein weites Gemach. Hier legen die Weibchen, geschützt vor der sommerlichen Hitze, ein halbes Dutzend runde und schneeweise Eier. Da oft mehrere Gemächer miteinander verbunden sind, bildet sich ein Gefüge von Wohngemeinschaften.

Lange Zeit glaubte man, daß der Bienenfresser großen Schaden unter den Bienenvölkern anrichte; daher der Name. Nach Versuchen in großen Vogelhäusern weiß man heute, daß es nicht so ist.

Der Boden des Nestes ist vollständig bedeckt mit den unverdaulichen Resten von Insekten. Die Jungen meiden das Licht, das durch die Öffnung hereinscheint, und halten sich im dunkelsten Winkel auf.

Die Bienenfresser ruhen sich gewöhnlich auch in der Nähe von Wohnorten gruppenweise aus und halten ein langes Palaver. Wo kann man ungestörter rasten als auf Telefondrähten?

Im Herbst beginnt die Wanderung, und der Himmel des Mittelmeeres ist bedeckt mit dichten Schwärmen (oft einigen Hunderten von Tieren) dieser schnellen Zugvögel. Sie ziehen in afrikanische Länder, um dort der kalten Jahreszeit zu entgehen.

Der Lachs

Wir können diesen Fisch als einen Meister des Willens bezeichnen. Denn er wandert aus den Ozeanen in die Flußmündungen bis zu seinen Ursprungsgewässern, einzig und allein von dem Trieb geleitet, seine Jungen da zur Welt kommen zu lassen, wo er selbst zum ersten Mal das Licht der Welt erblickt hat. Unser Lachs ist ein wunderschöner Fisch, der mehr als einen Meter lang werden kann und bis zu dreißig kg wiegt. Sein Körper ist langgestreckt und spindelförmig. Einen großen Teil des Lebens verbringen die Lachse in den Ozeanen, wo sie ihren Organismus mit Fetten und Eiweißen bereichern, was sehr vielen Heringen und Krabben das Leben kostet. Wenn sie durch reichhaltige und kräftige Ernährung genug Kraft gespeichert haben, begeben sie sich auf die Reise an die Ufer ihrer Väter, wo sie, nach Überwindung vieler Hindernisse, wie Stromschnellen, Stauwehre und Untiefen, ankommen. Doch o weh, oft endet diese Reise statt in den sauerstoffreichen Gewässern der Berge in einer Konservendose.

Weißt du,
daß der Lachs, obwohl sein Gehirn so klein ist wie ein Geldstück, einen außerordentlich guten Orientierungssinn hat? Daß es sein Geruchssinn ist, der ihn seinen Weg zum »Geburtsbach« wiederfinden läßt?

Lieblingsnahrung:

Fische

Krebstiere

Im Herbst ziehen riesige Lachsschwärme in die Mündungen, um die Flußläufe hinaufzuschwimmen. Sind sie den Netzen der Fischer entgangen, so werden sie nun durch Angeln und Raubfische bedroht. Die Überlebenden nehmen viele Tage hart erkämpften Aufstiegs in den Sturzbächen auf sich. Strömungen, Wasserwirbel und Stauwehre werden mit furchtbaren Anstrengungen und wiederholten Sprüngen überwunden. So geht es immer weiter bis zu den Quellen.

Woher kommen die Lachse? Aus dem Ozean, wo wir sie gerade nach dem langen Durchqueren auf der Rückreise sehen. In das Meer kamen sie, als sie noch klein wie Sardinen waren. Jetzt nach einem langen Aufenthalt im Meer sehen wir sie, dick und stark, die Reise meistern.

Der scharfe Geruchssinn bringt diese Tiere zu ihrer Geburtsstätte zurück. Wenn sie die Flüsse aufwärts schwimmen, finden sie sich zu Paaren zusammen, die dann gemeinsam den Weg fortsetzen, bis sie Untiefen in kalten und sauerstoffreichen Wasserströmungen gefunden haben.

Das Weibchen gräbt mit Schwanzschlägen Furchen in den Kiesboden, wo es bis zu 40 000 Eier ablegt. Danach kehren die Eltern in den Ozean zurück. In dem gelben Kreis sehen wir die Fischbrut, die aus den Eiern schlüpft.

Wenn der Körper der Jungen nach etwa zwei Jahren die Länge von 15 cm erreicht hat, verlassen sie ihren Geburtsort. Sie schwimmen den Fluß hinab bis zur Mündung und verschwinden dann im Ozean.

Der Bisamrüßler

Vielleicht wird dir auf den ersten Blick das merkwürdige und seltsame Säugetier, das nur im Flußbecken der russischen Flüße Wolga, Don und Dnjepr lebt, nicht sympathisch sein, aber gewiß wird es dir nicht leid tun, seine Bekanntschaft zu machen.
Der Bisamrüßler gehört zu den ältesten Säugetieren unserer Welt und behält seit Jahrmillionen die vielen Eigentümlichkeiten bei, mit der ihn die Mutter Natur ausgestattet hat.
Anscheinend widersprüchliche Merkmale machen dieses kleine Tier zu einem sehr originellen Exemplar der europäischen Säugetiere. Der Bisamrüßler hat breite Pfoten, durch eine Haut verbundene Zehen, die ihm ermöglichen wie ein Frosch zu schwimmen, sehr kleine Augen, einen Schwanz wie ein festes, plattes Ruder und einen sehr langen, äußerst sensiblen Rüssel, der die Beute ausfindig machen kann und mit dem er sie packt und wie ein Elefant zum Maul führt. Der Bisamrüßler ist ohne Schwanz 25 cm lang, ein unerschrockener und wilder Jäger, ein heißhungriger Verschlinger von Fischen, Insekten und Würmern, die er auf dem sandigen Grund der Flüsse packt. Wenn er angegriffen wird, verwirrt er den Gegner, indem er ihn mit einer ekligen Flüssigkeit bespritzt. Der Bisamrüßler ist also wirklich eine merkwürdige Kreatur.

Weißt du,
daß der Bisamrüßler mit den Maulwürfen verwandt ist? Daß eine andere Art des Bisamrüßlers in den Pyrenäen lebt?

Lieblingsnahrung:

Amphibien

Fische

wirbellose Tiere

Insekten

Mit den Nägeln der Pfoten gräbt der Bisamrüßler seine Höhle. Es ist ein langer schräger Gang, der von der Wasseroberfläche hinaus zur Uferböschung führt, in einer geräumigen Höhle endet und oben mit einem Notausgang ausgestattet ist. In diesem Raum werden bis zu fünf Junge geboren und hier wachsen sie auch auf. Um sich keiner Gefahr auszusetzen, tauchen die Bisamrüßler oft nur mit dem Rüssel aus dem Wasser auf. Beim Schwimmen paddeln sie mit den Füßen wie Enten.

Um seine Jungen zu versorgen, ist der Bisamrüßler ständig auf der Jagd. Hier sehen wir ihn, wie er einen Fisch packt. Sein schlechtes Sehvermögen wird durch den empfindlichen Rüßel ausgeglichen.

Zum Schwimmen eignen sich die Hinterbeine des Bisamrüßlers sehr gut; an Land erscheint er tölpelhaft. Mit dem Rüßel führt er die Nahrung zum Maul.

Drei Männchen verfolgen ein Bisamrüßlerweibchen und stoßen dabei keuchend kurze, hohle Töne aus Sie umschwimmt eine kleine Insel. Das erste Männchen, welches sie erreicht, wird ihr Mann.

Ein Fischotter ist im Begriff, einen Bisamrüßler zu packen. Aber ein Spritzer der ekligen Drüsenflüssigkeit, die nach Moschus riecht, genügt, um den Räuber auf Abstand zu halten.

Die Groppe

Zehn oder fünfzehn Zentimeter lang, ein plattes, untersetztes, flaches Maul, das vorne dem eines Frosches ähnelt. Dieses nicht gerade schöne Wesen ist die Groppe. Dieser Fisch lebt als Einzelgänger in Flüssen, Sturzbächen und Seen, wo er sich mit Kies bedeckte Sandbänke aussucht. Hier zwischen den Steinen kann man ihn herumschwimmen sehen, mit seltsamen tanzenden Bewegungen und dem mürrischen Ausdruck seines breiten Mauls. Sein Kopf ist durch die weite »Halskrause« der Schwimmflossen eingerahmt und verleiht ihm dadurch das Aussehen eines mittelalterlichen Hofnarren. Seine aufmerksame Suche endet urplötzlich mit einem überraschendem Zuschnappen: Die Groppe hat sich so plötzlich ihrer Beute bemächtigt, daß das Opfer nicht entkommen konnte. Ebenso schnell ist unsere Groppe, wenn es darum geht, die eigene Haut in Sicherheit zu bringen. Mit einem raschen Fächeln ihrer starken Flossen bringt sie sich außer Gefahr, und da sie kein ausdauernder Schwimmer ist, sucht sie bald hinter einem Felsen Schutz. Die Gefahr ist vorbei. Aber warum kommt sie nicht aus ihrem Versteck hervor? Auf der Lauer wartet sie wie eine Wildkatze auf einen vorbeiziehenden Fischschwarm. Nun hast du verstanden, was für ein Typ unsere Groppe ist: Ein lauernder Räuber.

Weißt du,
daß die Groppe seltsame und schrille Laute durch die Bewegung ihrer Kiemen erzeugen kann? Daß bei einigen Völkern in Sibirien ihr Fleisch gegen Schlangenbisse gegessen wird?

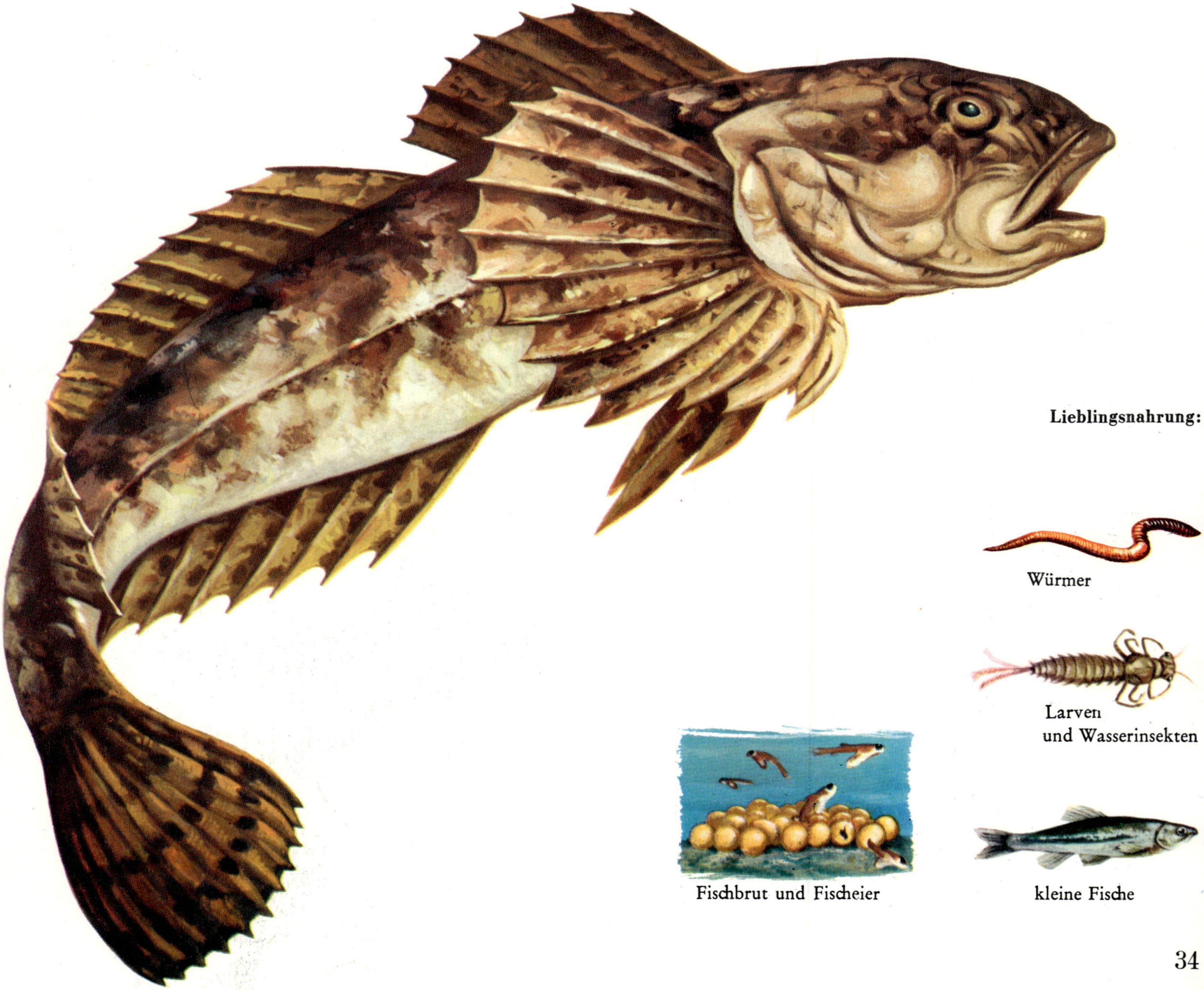

Lieblingsnahrung:

Würmer

Larven
und Wasserinsekten

Fischbrut und Fischeier

kleine Fische

Gegen Ende des Winters gräbt die Groppe so gut sie kann eine Höhle, indem sie den Sand und den Kies unter einem Stein beiseite schafft. Das Weibchen heftet an die Decke des Nestes bis zu 700 kleine Eier.

Die Aufgabe der Mutter Groppe ist beendet, und sie überläßt das Nest der Obhut des Männchens. Dieses sorgt sogar dafür, daß die Eier frisch bleiben. Ständig fächelt er mit dem Schwanz den Eiern neues Wasser zu.

Sobald die Jungen aus den Eiern schlüpfen, ist die Wache zu Ende. Leider wird manchmal aus dem tüchtigen Vater ein grausamer Kannibale, der alle seine Neugeborenen auffrißt.

Auf dem Grund des Flusses findet die gefräßige Groppe Leckerbissen aller Art. Ein Wasserschwall genügt, um von den Steinen wohlschmeckende Eier anderer Fische zu lösen. Auch heute ist das Mittagessen gesichert.

Der alte Räuber ist auf der Jagd. Wenn es sich bei dem Opfer um einen großen Fisch handelt, schleppt ihn die Groppe zu ihrer Höhle, um ihn in Ruhe zu verzehren. Sie kann ihn vollständig verschlingen.

Die Groppe haßt entschieden alle Eindringlinge. Dieses in einem Becken schwimmende Exemplar bemerkt etwas Fremdes (die Hand des Züchters) und stürzt sich darauf. Der Biß hinterläßt jedoch keine Wunde.

Der Sandlaufkäfer

Ein anderer, besonders eigenartiger Vertreter der Tierwelt ist der wunderschöne, metallisch grün glänzende Sandlaufkäfer, der eine wahre Plage für seine Nachbarn ist. Um seinen bohrenden, unersättlichen Hunger zu stillen, ist das Insekt immer in Bewegung. Entweder es läuft, oder es fliegt, ständig auf der Jagd nach Beute, die seine Oberkiefer mit kräftigem Biß packen. Dieses leuchtende kleine Tier, das nur 1,5 cm lang ist, bewegt sich sehr schnell und ist dauernd auf der Hut. Du brauchst nur den Sandlaufkäfer zu reizen, dann wird er wild reagieren. Daraus erkennst du schon sein Temperament. Wenn man an die Unmengen von Insekten denkt, die das kleine Tier täglich verschlingt, versteht man, daß der Bauer, der Förster und der Gärtner dem Sandlaufkäfer dankbar sind als einem ihrer nützlichsten Freunde.

Weißt du,
daß die wunderschönen leuchtenden Farben dem Sandlaufkäfer indirekt zur Verteidigung dienen, da sie mögliche Feinde abschrecken? Daß ein Sandlaufkäfer dich zu beißen versucht und aus Mund und After ekelerregende Stoffe abscheidet, wenn du ihn anfassen willst?

Lieblingsnahrung:

Insekten

Ein Pärchen der Sandlaufkäfer ist zur Paarung bereit. Unterstützt von seinem Männchen, schiebt das Weibchen seinen Hinterleib in den Boden und legt die Eier hinein.

Links siehst du zwei Larven des Sandlaufkäfers. Die rechte ist älter, hat den Kopf schon außerhalb und lauert auf Beute. In dem Kies kann man den Kopf der Larve mit den gekrümmten Oberkiefern sehen.

Diese Larve macht ihre Wohnstätte zur Falle. Wenn ein Insekt ihr über den Kopf läuft, zieht sie ihn blitzartig ein und das Tier ist verloren. Wenn kein Tier »anbeißt«, kommt die Larve heraus und geht auf Jagd.

Wenn der Sandlaufkäfer ausgewachsen ist und seine Flügel hat, ist er durch seinen schnellen Flug noch gefährlicher. Auf unserem Bild ist ein schöner Schmetterling sein Ziel.

Es scheint, als gäben ihm das Licht und die Wärme die Energie für seine Tätigkeit. Bei Sonneuntergang, oder wenn durch eine Wolke die Sonne verdeckt wird, hört seine wilde Jagd auf, bis es wieder hell wird.

Der Sandlaufkäfer ist fast überall anzutreffen, sogar im Gebirge oberhalb 2 000 m Höhe. Hier sehen wir ihn wie er im Hochgebirge einen anderen Käfer angreift.

Der Karpfen

Der Karpfen hat ein kurzes, enges Maul, an dessen Seiten die kurzen Barteln hängen. Wie der berühmte Goldfisch, mit dem er eng verwandt ist, werden wir bei seinem Anblick an einige Bilder alter chinesischer Philosophen erinnert. Seine Gewohnheiten, sein Lebensstil zeigen tatsächlich Gelassenheit und ein ruhiges Verhalten. Er ist ein wenig dickfellig. Der Karpfen gehört zu den Knochenfischen, eine der zahlreichsten »Sippen« unter den Fischen. Er hat einen massigen, schuppigen Körper, der in Ausnahmefällen länger als einen Meter wird und über zwanzig kg Gewicht hat. Seine Zähne sind klein, werden jedoch durch Schlundknochen ersetzt, die einer Platte gegenüberstehen und auf denen, wie in einem Mörser, die Nahrung zermalmt wird. In Bezug auf seine Nahrung ist der Karpfen leicht zu befriedigen. Tatsächlich frißt er alles: Muscheln, Insekten, verschiedene Pflanzenbestandteile. Dieser Fisch hält sogar eine Fastenzeit ein. Jedes Jahr in der Zeit von Oktober bis März rührt er keine Nahrung an und bleibt fast unbeweglich in einem Eckchen seines Reiches in einer Art Winterstarre. Der Karpfen kann zwei bis drei Jahrzehnte lang leben. Dies ist eine beträchtliche Lebensdauer für einen Fisch.

Weißt du,
daß der Karpfen, obwohl er langsam schwimmt, dennoch 13 km pro Stunde erreichen kann, ohne sich übermäßig anzustrengen? Daß die ersten Goldfische in der chinesischen Ming-Dynastie, vierhundert Jahre vor Christus gezüchtet wurden?

Lieblingsnahrung:

Wirbellose Tiere

Insekten und Larven

Der Karpfen ist ein geschätzter Speisefisch, der hauptsächlich in Teichanlagen gezogen wird. Er kommt aber auch frei in Seen vor, wo das Wasser reich an Pflanzen und ruhig ist.

Wenn ein Karpfen zufällig auf das trockene Land kommt, kann er einige Zeit am Leben bleiben. Natürlich wird er alles tun, um wieder ins Wasser zurückzukehren.

Unter den Schuppen, wo eine dunkle Linie verläuft, die Seitenlinie, liegen Sinnesorgane, die jede Bewegung des Wassers wahrnehmen. Hier sehen wir einen Karpfen, der die Gefahr bemerkt, die ihm von der Angel droht.

Wie kleine Schweinchen wühlen die Karpfen im Schlamm des Grundes nach Nahrung. Diese Tiere fallen im Winter in einen Starrezustand und warten auf den Frühling.

Der Spiegelkarpfen heißt deshalb so, weil er an den Seiten zwei oder drei Reihen großer Schuppen hat, die glänzenden Metallplättchen ähneln und wie Spiegel wirken.

Der Higoi, ein japanischer Fisch, gehört zu den Knochenfischen, denen auch der Karpfen angehört. Auf der Zeichnung seht ihr zwei Exemplare, unter denen eine »Orientalische Schönheit« ist, das Ergebnis sehr vieler Kreuzungen.

Die Köcherfliege

In den seichten Gründen der kleinen Flüsse, wo die Strömung am stärksten ist, beginnt die Larve der Köcherfliege ihre Arbeit. (In unserem Bild zeigen wir sie zwanzigfach vergrößert.) Sie ist Weberin von Beruf und hat schon Maß genommen an kleinen Pflanzen, an die sie ihr Netz hängen will. Nun beginnt sie mit der Arbeit. An dem nächsten Stengel befestigt sie den Seidenfaden, der andauernd aus ihren Munddrüsen hervorkommt. Wenn sie dann schwimmend die gegenüberliegende Pflanze erreicht hat, befestigt sie den dünnen Faden, der das Tragseil für ihr Netz wird. Wenn sie einen neuen Fadenanfang ganz unten am Stiel befestigt hat, kehrt sie zu ihrem Ausgangspunkt zurück. Nun kann das Insekt das eigentliche Netz weben, eine sehr schwierige Arbeit. Die Larve wird durch das strömende Wasser des Baches wie ein Ball beim Roulette hin und her geworfen. Es ist ein ständiges Hinaufklimmen, Verrenken und Drehen, um die Fäden zu ziehen und die Maschen kunstgerecht miteinander zu verbinden. Und wenn das Netz unserer Künstlerin fertig ist, ist die harte Arbeit noch nicht beendet, denn nun muß sie noch die Höhle bauen. Im Innern des unterirdischen Ganges verborgen, bleibt ihr dann nichts anderes übrig als abzuwarten. Frühstück, Mittag- und Abendessen verfangen sich ganz allein in dem Netz.

Weißt du,

daß andere Larven, die zur gleichen Gruppe wie diese Köcherfliege gehören, im Wasser Gehäuse der verschiedensten Arten bauen? Und daß diese Gehäuse die Form von Trichtern, Füllhörnern und Köchern haben?

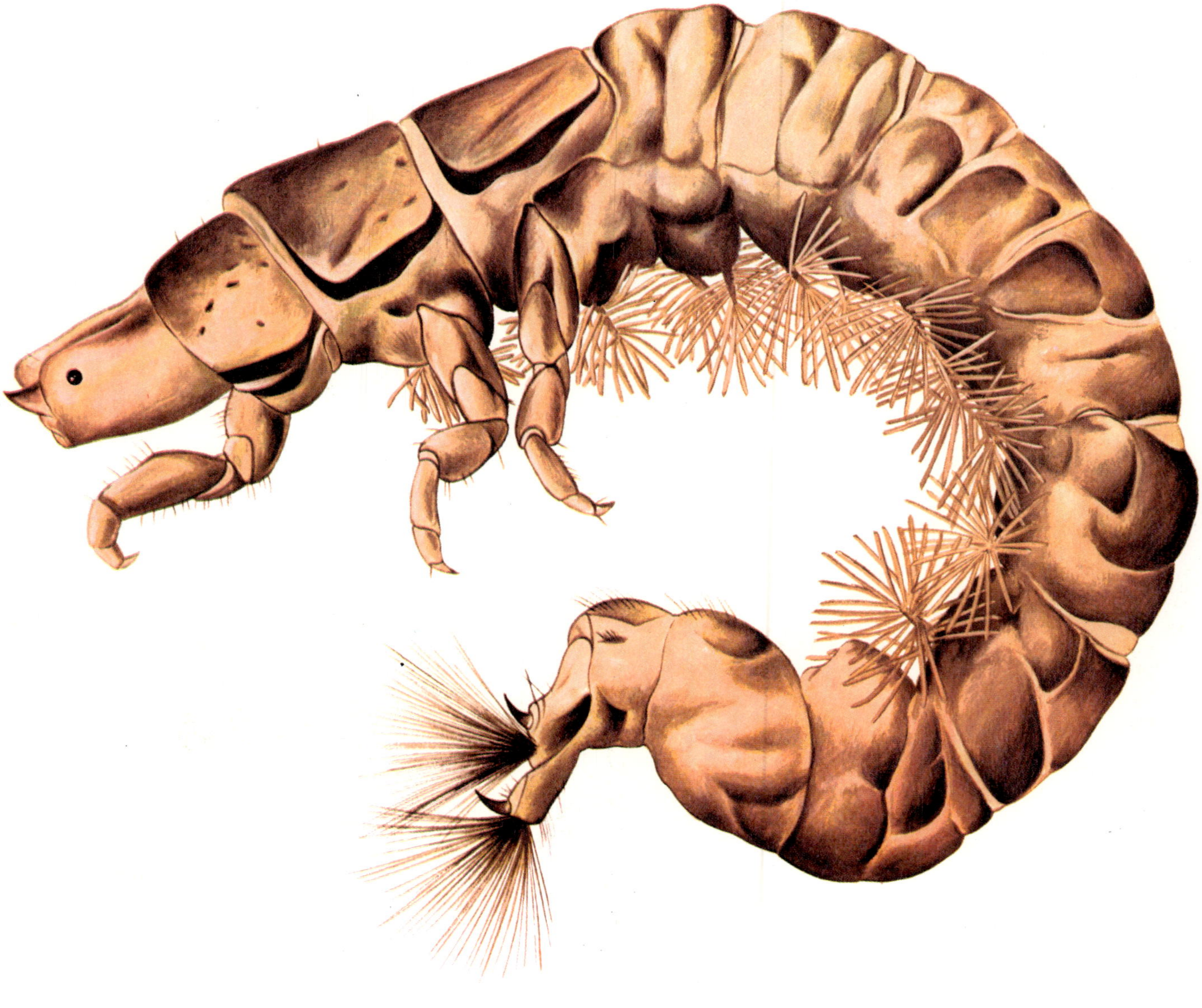

Ein dünnes, aber sehr widerstandsfähiges Netz ist zwischen zwei Pflanzen gespannt. Es muß dem Druck der Strömung in dem engen Graben standhalten. Natürlich dient es nicht dem Tennisspiel, sondern wie das Netz der Spinne, um Beute zu machen. Der Querschnitt durch das Gelände zeigt rechts die Larve der Köcherfliege, die auf der Lauer liegt.

Dieser winzige Insektenfischer pflegt seine Fallen sehr sorgfältig. Er hält das Netz immer sauber und putzt den Schmutz mit den Haaren des Schwanzendes aus.

Ab und zu müssen die Maschen des Netzes geflickt werden. Hier sehen wir unsere Weberin, aus deren Mund der dünne Seidenfaden herauskommt. Ein echter Naturfaden.

Nachdem die Köcherfliege das Larven- und Puppenstadium unter Wasser zugebracht hat, geht sie auf das Festland und verwandelt sich in ein fliegendes Insekt, das nur kurze Zeit lebt.

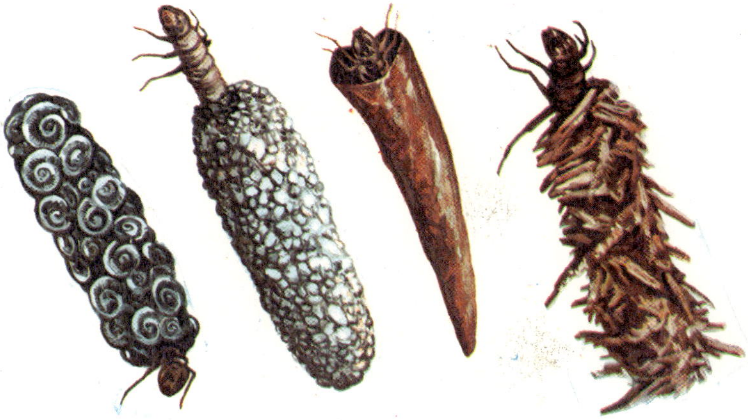

Auch die Larven anderer Köcherfliegen bauen sehr kunstvoll. Einige von ihnen stellen Köcher her, in denen sie leben und sich entwickeln. Dazu spinnen sie verschiedenartige Materialien mit ihren Seidenfäden zusammen.

Die Ameisenjungfer

Ist das nicht ein zierliches, graziöses Tier? Fast sieht es aus wie eine Libelle. Wer denkt daran, daß seine Larve einen furchterregenden Namen hat: Sie wird „Ameisenlöwe“ genannt, und die Forscher wollten damit sagen, daß sie ein „Löwe für Ameisen“ ist. In ihrer Jugend, als Larve, stellt die Ameisenjungfer nämlich Ameisen und anderen kleinen Lebewesen nach. Als Ameisenlöwe hat sie einen fetten Bauch, der am Grunde seiner Sandtrichter im Boden steckt, voller stacheliger Borsten, nur seine Oberkieferzangen schauen heraus. Den Trichter hat er sich selber gebaut (wir zeigen es rechts im Bild) und lauert auf kleine Lebewesen, die den glatten Sandhang hinunterrutschen, geradewegs in seine Zangen hinein. Später, als Ameisenjungfer, ist es dann ein zartes, fliegendes Geschöpf, dem man seine gefräßige Larvenvergangenheit nicht mehr ansieht.

Weißt du,

daß der Ameisenlöwe Steine heben kann, die zehnmal so groß sind wie er selbst? Daß nicht nur Ameisen, sondern auch Tausendfüßler, Spinnen und Asseln zu seiner Beute zählen?

Lieblingsnahrung:

Insekten

Hier in dem roten Kreis sehen wir unseren kleinen Räuber: Die Larve der Ameisenjungfer. An einer sandigen Stelle zieht er eine kreisförmige Furche und gräbt, während er rückwärts läuft, einen Sandtrichter. Sobald dieser fertig ist, setzt er sich auf den Grund dieses Trichters und lauert auf seine Opfer. Der Querschnitt durch den Sandtrichter zeigt uns, auf welche Weise seine Beute in sein Maul gelangt, er bombardiert sie mit Sandkörnchen.

Im Frühjahr liegt die Puppe im Erdboden. Sie liegt in einem Kokon, der nach außen hin durch Sandkörner geschützt ist. In dieser kleinen Zelle erfolgt ihre Umwandlung in ein Insekt.

Ist dieses Insektenstadium erreicht, kriecht die Ameisenjungfer aus dem Erdreich hervor; bald hat sie das endgültige Aussehen eines geflügelten Insekts. Da sie nachts aktiv wird, hält sie sich tagsüber im Schatten der Pflanzen versteckt.

Bei Sonnenuntergang gehen die Ameisenjungfern auf Jagd. Hier verfolgt sie eine Eintagsfliege, die ihr nicht entkommen wird. Die Zeiten, in denen sie als „Ameisenlöwe“ in ihrer Falle darauf wartete, daß Beute hineinrutschte, sind längst vorbei.

Unwiderstehlich vom Licht angezogen, beginnen die Ameisenjungfern einen rasenden Tanz um die Lichtquelle. Oft verbrennen sie sich dabei die Flügel und fallen sterbend zu Boden.

Die Unke

Die Natur hat an alles gedacht. Jedes Lebewesen, ob groß oder klein, wurde mit eigenen Merkmalen und Eigenschaften ausgestattet, die es vor den Gefahren der Welt schützt, in der es leben muß. Im Märchen heißt es: *Sagte die Natur »Du sollst einen gelben Bauch haben und mit ihm wirst du deine Feinde erschrecken!«* Seit diesem Tag zeigt unser Lurch einfach seinen gelben Bauch, wenn er sich verteidigen muß. Er hat eine Baßstimme, mit der er glockenartige Laute ausstößt. Sie haben ihm den Namen Unke eingebracht. Damit dieses Tier den zahlreichen Gefahren seiner Umwelt besser trotzen kann, hat es noch eine andere Waffe als Verteidigung: Mit einem beißenden Saft, den die Unke aus ihren Poren austreten läßt, hält sie sich manchen Feind fern. Vor Menschen sind sie durch Gesetz geschützt.

Lieblingsnahrung:

Insekten

Weißt du,
daß die Kaulquappen der Unke sechzig oder siebzig Tage nach ihrer Geburt zum letzten Mal ihre Gestalt ändern und endlich das Aussehen ihrer Eltern annehmen? Daß in den Teichen von Mittel- und Osteuropa die Unke mit rotem Bauch sehr verbreitet ist?

An einem schönen Sommerabend überraschen wir unsere kleine Unke bei der Jagd. Hier packt sie durch blitzartiges Hervorschnellen der Zunge ein Insekt.

Zur Paarungszeit läßt die Unke endlose Serenaden von monotonen und melancholischen Rufen erklingen, die das Weibchen anlocken.

Achtung, Gefahr! Die Unke legt sich auf den Rücken und bleibt unbeweglich. Der Reiher, der sie neugierig beobachtet, scheint sich zu fragen: »Ob sie wohl lebt?«

Die angeblich Tote zeigt den glänzenden gelben Bauch, um den Feind einzuschüchtern. Ob der Trick wohl funktionieren wird?...

Der Reiher packt sie dennoch. Doch plötzlich öffnet er wieder den Schnabel und läßt die Unke los. Ihre beißende Absonderung hat ihre Wirkung getan.

Der von der Unke »gebrannte« Vogel fliegt weg. Die von dem Biß etwas übel zugerichtete und hinkende Unke begibt sich unter ein Blatt in Sicherheit.

Die Libelle

Eines der ältesten »Flugzeuge« ist die Libelle, die vor Millionen von Jahren in den »Flugdienst« trat. Die hier gezeigte Libelle hat folgende Merkmale: Länge: sechs cm; maximale Breite der Flügel: fünf cm; Fluggeschwindigkeit: über fünfundzwanzig km pro Stunde, langer und schlanker Rumpf, zwei große Flügelpaare, die durch ein starkes Adersystem getragen werden. Die Flugeigenschaften: Perfekter Senkrechtstart, Wendung im rechten Winkel in jede Richtung; gegebenenfalls sofortiger Rückwärtsgang. Leider muß gesagt werden, daß dieses »fliegerische Wunder« todbringend ist. Insekten jeder Art, die in seine Reichweite kommen, werden von ihm gierig verschlungen. An dieser Stelle wollen wir alles von dem Flugräuber berichten: Er entwickelt sich aus einem Ei, das seine Mutter auf eine der Wasserpflanzen gelegt hat. Er lebt einige Jahre als Larve unter Wasser und räumt unter den kleinen Bewohnern des Teiches ordentlich auf. An Tagen, an denen die Jagd erfolglos bleibt, scheut sich die Libelle nicht, ihre Geschwisterlarven aufzufressen.

Weißt du,

daß sich die Larve der Libelle sehr schnell im Wasser bewegen kann und daß sie ein Antriebssystem besitzt, das denen der Düsenjäger gleicht? Daß dieser Antrieb dadurch entsteht, daß durch die Hinterleibskiemen Atemwasser herausgepreßt wird?

Lieblingsnahrung:

Insekten

Kaulquappen

Fischbrut

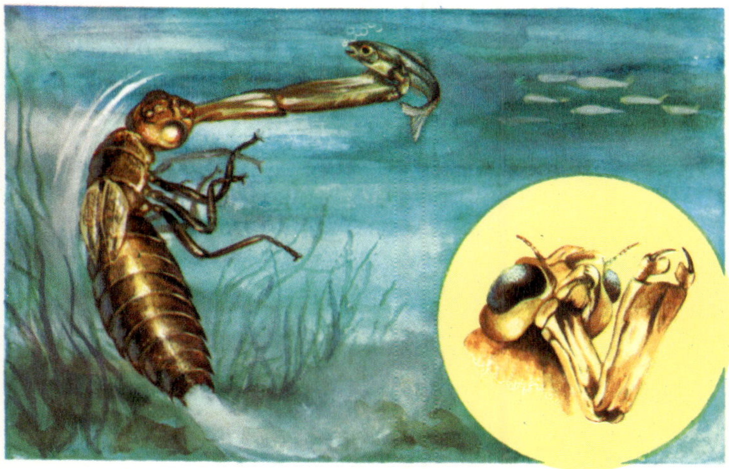

Hier siehst du die Larve mit ihrer Waffe (im Kreis ist sie vergrößert). Sie wird gerade mit großer Wucht hinausgeschleudert. Dieser seltsame Apparat, die Fangmaske, ist unterhalb des Kopfes zusammengefaltet.

Der Libelle entkommt wegen ihrer beachtlichen Fluggeschwindigkeit (einige Arten fliegen bis zu 100 km pro Stunde) kein Insekt. Hier sehen wir einen Schmetterling, der von der Jägerin gepackt wird.

Der Heißhunger der Libelle kennt fast keine Grenzen, Damit *du* davon ein klares Bild bekommst, legen wir ihren eigenen Schwanz in Reichweite der Kinnladen: Sie beginnt sich selbst aufzufressen!

Die Stunde Null: Die geflügelte Libelle verläßt den Teich. Die »Froschuniform« hat ausgedient und unter vielen Windungen schlüpft das geflügelte Insekt hervor. Sobald sie getrocknet ist, fliegt sie fort.

Das Männchen bewacht einen bestimmten Bereich des Wasserspiegels (schwarze Striche). In dem kleinen, rot umrandeten Gebiet siehst du einige Wasserpflanzen, auf die das Weibchen seine Eier gelegt hat.

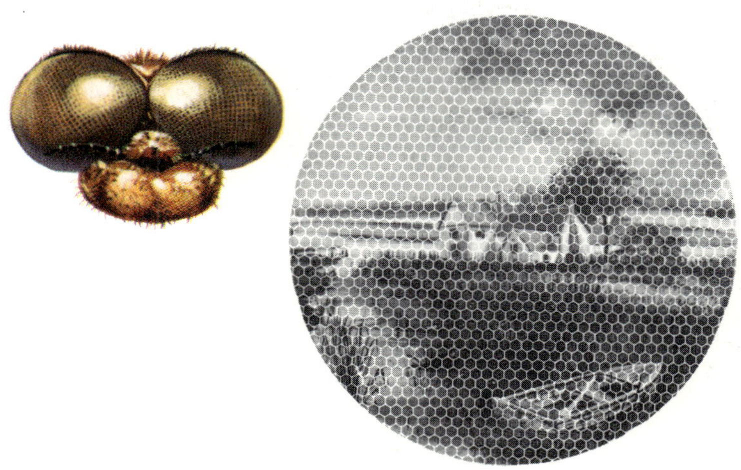

Die Libelle kann in alle Richtungen sehen: Nach vorne, um sich und hinter sich. Links siehst du den Kopf des Insekts mit den großen Augen, die aus 28 000 mikroskopisch kleinen Einzelaugen bestehen.

Der Wassermolch

Der Wassermolch ist ein Schwanzlurch. Er lebt in der feuchten Umgebung, zeitweise auch im Wasser von Teichen und Seen. Er besitzt Lungen, doch behalten manche Arten ihre Kiemen zeitlebens, mit denen sie als Kaulquappen im Wasser geatmet haben. Das Molchmännchen hat im Frühjahr zur Paarungszeit schöne farbige Hochzeitskleider und Rückenkämme. Die Farbenpracht seines Kleides wird verstärkt, weil die zarten Farbtöne der Flanken und die Orangefarbe seines Bauches mit den schwarzen Flecken kräftiger werden, genau wie wir ihn dir auf dieser Seite zeigen. Wie wenn dieser Glanz nicht ausreichte, geht unser Molch auf's Ganze, verdoppelt buchstäblich die Oberfläche seines schönen Rückenkammes und schwänzelt so gut er kann. Mit diesem hektischen Schütteln seines farbenprächtigen Kammes teilt er den Weibchen seine Hochzeitsabsichten mit.

Weißt du,
daß Molche sehr lange leben und 25 Jahre alt werden können? Daß sie leicht zu zähmen sind? Daß sie unter Naturschutz stehen?

Lieblingsnahrung:

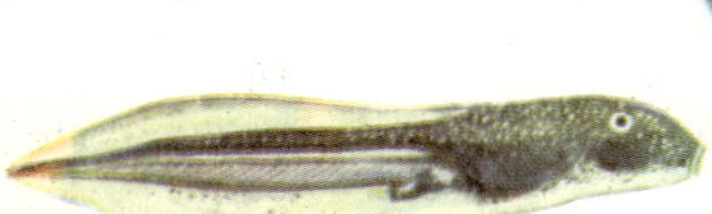

Kaulquappen

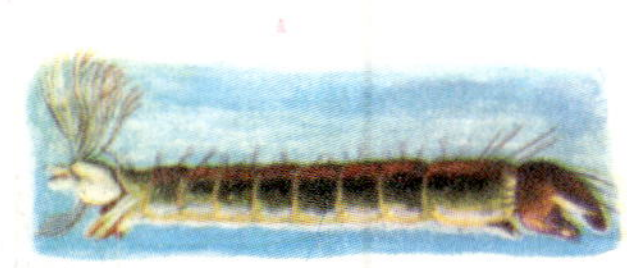

Wasserinsekten und Larven

wirbellose Tiere

Im Frühjahr paaren sich die Molche. Das Weibchen legt etwa 300 Eier (ein Dutzend am Tag) auf die Blätter der Wasserpflanzen. Oben in dem blauen Kreis siehst du ein Ei, in dem sich die Larve entwickelt.

Ein Marsmensch im Schwimmbad? Nein, es ist ein junger, einen Monat alter Wassermolch. Er beschäftigt sich mit der Treibjagd und atmet dabei mit den Kiemen, die seinen Kopf schmücken.

Nach vier Monaten werden die Kiemen durch Lungen ersetzt, der junge Wassermolch beendet das Leben im Wasser und begibt sich auf das trockene Land. Seine Nahrung besteht nun aus Würmern und Nacktschnecken.

Bei den ersten Anzeichen der kalten Jahreszeit versammeln sich die Wassermolche zu mehreren in einer Steinhöhle. Hier fallen sie dicht beieinander in Winterstarre.

Mitunter stürzen sich hungrige Wassermolche auf die Schwänze oder Beine eines anderen Wassermolches, um sich zu ernähren. Glücklicherweise wächst dem Verstümmelten in kurzer Zeit das Körperglied wieder nach.

Der Wassermolch läßt sich nicht leicht fangen. Seine Waffe ist eine klebrige Substanz, die das Tier durch die Hautdrüsen ausscheidet. Da diese Substanz unsere Schleimhäute reizt, erzeugt sie Tränen und Niesanfälle.

Der Gelbrandkäfer

Es gibt ein großes Wasserinsekt, den Gelbrandkäfer, der sich ähnlich verhält wie amerikanische Froschmänner, wenn sie von den Hubschraubern abspringen, um eine in das Meer gefallene Weltraumkapsel mit Schwimmgürtel zu versehen. Der Gelbrandkäfer besitzt starke Flügel, die ihm einen leichten Flug ermöglichen. Er stürzt sich direkt vom Himmel in das Wasser des Teiches. Um unter Wasser atmen zu können, zieht er von der Oberfläche eine Luftblase mit sich wie perfekte Froschmänner, die ihre Sauerstofflaschen zum Atmen brauchen. Durch Drüsenausscheidungen, ein besonderes Patent der Natur, wird die Luftblase stabil und löst sich nicht in viele kleine Bläschen auf. Schon im Larvenstadium ist der Gelbrandkäfer ein ausschließlicher Fleischfresser. Er sucht ständig nach Beute. Er lebt in düsteren Gewässern des Röhrichts und der Binsen und in der Fäulnis der Reisfelder. Dort unten in der Tiefe, wo das Sonnenlicht wie durch eine matte Scheibe hindurchdringt, führt dieser schwarze Käfer sein bewegtes Leben: Nachdem er seine Opfer gelähmt und Verdauungssaft in sie eingespritzt hat, saugt er mit Hilfe seiner hohlen Kinnladen die verflüssigten Eingeweide aus. Eine schnelle Art und Weise, seinen Hunger zu stillen.

Weißt du,
daß die Gelbrandkäfer schrille Geräusche erzeugen können, indem sie die Flügeldecken oder die Hinterbeine gegen den Bauch schlagen? Daß seine Eier die größten unter den europäischen Insekten sind?

Lieblingsnahrung:

Kaulquappen von Fröschen

kleine Fische

Weichtiere

Da sich die Gelbrandkäfer nur sehr schwerfällig auf dem Land bewegen können, machen sie im Frühling oder während der Trokkenperiode regelmäßig lange Flüge, um einen neuen Teich zu suchen. Wenn sie ihr Ziel erreicht haben, stürzen sie sich, gleich aus welcher Höhe, kopfüber ins Wasser.

Das Weibchen legt die Eier in Stengel und Blätter von Wasserpflanzen hinein. Die ausschlüpfenden Larven graben sich eine Höhle im Schlamm. Hier erfolgt ihre Umwandlung in eine Puppe, das Zwischenstadium zwischen Larve und erwachsenem Tier.

Die Gelbrandkäfer und ihre Larven atmen, während sie das Hinterteil aus dem Wasser hinausstecken. Die Luftblase, die der Gelbrandkäfer mitnimmt, ist seine Sauerstoffreserve.

Die Larven dieser Käfer schwimmen oder laufen auf dem Grunde der Teiche auf der ständigen Suche nach Beute. Wenn sie keine Nahrung finden, jagen sie sich sogar gegenseitig.

Diese Räuber des Teiches stürzen sich auch ohne Zögern auf Frösche. Sie beißen sich mit ihren sichelförmigen Kinnladen fest und impfen ihnen eine lähmende Verdauungsflüssigkeit ein.

Obwohl der Gelbrandkäfer einen ziemlich gut entwickelten Gesichtssinn besitzt, bedient er sich nicht seiner Augen, sondern seines hoch entwickelten Geruchssinnes. Hier sehen wir ihn bei der Jagd.

Der Stör

Für jedes Tier ist es gefährlich, wenn es dem Menschen in irgendeiner Beziehung nützlich ist. Der Stör ist ein großer und schneller Fisch, dessen Körper mit Knorpelschilderreihen bedeckt ist. Er hat ein wohlschmeckendes Fleisch, das von jedem Feinschmecker geschätzt wird. Der Stör wird bis zu sechs Meter lang und ist somit der größte Fisch in europäischen Süßgewässern. Seine Ursprünge liegen weit zurück, da er aus einer Verwandtschaft stammt, die schon vor Millionen von Jahren über den ganzen Erdball verbreitet war. Leider hat dieser letzte Sprößling keine glänzende Zukunft, da die Vergiftung der Flüsse durch die Industrieabwässer allmählich seine Fortpflanzung beeinträchtigt. Er lebt zwar nur in den Küstengewässern unseres Kontinents und an der amerikanischen Atlantikküste, kehrt aber regelmäßig in den Flußlauf seiner Geburt zurück, um dort seine Eier zu legen. Eine weitere Bedrohung seiner Existenz ist der Mensch, der noch mehr als sein Fleisch seine Eier schätzt, aus denen der berühmte Kaviar gemacht wird.

Weißt du,
daß die Störe des Kaspischen Meeres gut tausend Kilometer die Wolga hinaufschwimmen, um dort ihre Eier zu legen? Daß gemäß einem von König Eduard II. von England erlassenen Gesetz die in den englischen Gewässern gefangenen Störe der englischen Krone gehören?

Lieblingsnahrung:

Krebstiere

Wirbellose Tiere

Fische

Im Frühjahr kommen die Störe aus dem Meer in die Flußmündungen, um viele Kilometer hinaufzuschwimmen. Dann verweilen sie einige Wochen lang in einem Flußbett mit ruhigem Wasser, wo die Weibchen ihre Eier legen.

Es ist überraschend, daß ein so großes Tier wie der Stör sich von so kleinen Tieren ernährt. Er schiebt den Schlamm des Grundes weg, macht mit seinen feinfühligen Barteln seine Beute ausfindig und verschlingt sie.

Die Zahl der Eier, die Mutter Stör legt, ist riesengroß: einige hunderttausend bis zu zwei, drei Millionen. Aus diesen wird der Kaviar hergestellt, ein sehr teurer Leckerbissen, der besonders in Rußland gewonnen wird.

Wenn du dir ein Bild von der Größe des Störs machen willst, dann vergleiche einmal den Jungen mit dem in der Nordsee gefangenen Exemplar. Dieser Stör wog ungefähr 500 kg und wurde König Georg V. von England geschenkt.

Der Gigant in der Familie der Störe ist der Hausen (5 bis 8 m lang). Er wiegt $1^1/_2$ t! Wenn diese Fische alt werden, gehen sie auf die Gründe der Küstengewässer „in Pension".

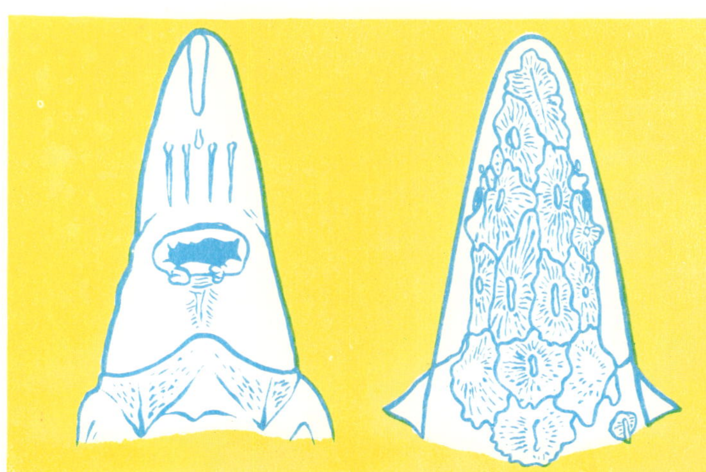

Ein Querschnitt vom Maul des Störs: links das Maul vollkommen ohne Zähne, da sie diese nach ihrer Jugendzeit verlieren. Rechts der obere Teil des mit Knorpeln gepanzerten Kopfes, der an den der Krokodile erinnert.

Die Wassernadel

Einigen von uns mag ein Teich, vom Ufer aus gesehen, langweilig erscheinen und man möchte ausrufen: »Ach, hier ist kein Hauch von Leben!« Bei der Wassernadel, die da zu Hause ist, würde derselbe Teich ganz andere Gedanken hervorrufen: »Hier unten ist das Leben wirklich nicht leicht: Gehst du morgens aus, um ein kleines Fischlein oder eine Larve zu ergattern, weißt du nie, ob du wieder heimkehrst. Hier ist einer, der dich mit den Zähnen packen will, dort ist einer, der dich fressen will ...« Und das Insekt hat recht. Die Wassernadel hat ihren Namen wegen ihrer winzigen und eckigen Figur, die fast einer geometrischen Zeichnung ähnelt. Willst du einmal die Wassernadel mit dem Bleistift nachzeichnen? Dann zeichne ihr kleines gerades Profil (3 cm Länge), zwei Bällchen für die Augen und mit einer winklig unterbrochenen Linie hast du die Beine. Nun kommt das letzte Stück, jene lange gerade Nadel, die das Tier oft außerhalb des Wassers läßt. (Dieser Teil ist ein dünnes Röhrchen, mit dem das Insekt den Luftsauerstoff einatmet.) Achte auf die Besonderheiten der Wassernadel: Ihr dreieckiger Kopf muß genau studiert werden, und die Flügeldecken müssen lang und ausgeprägt werden.

Weißt du,

daß sich diese Insekten bei Berührung durch den Menschen »tot stellen« und eine Zeitlang unbeweglich bleiben? Daß die Wassernadel ihren Namen erhielt, weil sie lang und dünn wie eine Nadel aussieht?

Lieblingsnahrung:

Kaulquappen

kleine Fische

Wasserinsekten und Larven

Hier sehen wir, wie die Wassernadel ihre Beute fängt. Das Fischlein versucht vergeblich zu fliehen. Die spitzen Vorderbeine halten es fest.

Die seltsame fadenförmige Wassernadel ist ständig auf der Suche nach Nahrung. Sie ernährt sich auch von den Eiern anderer Tiere und saugt sie aus.

Diese Insekten leben gern inmitten der Pflanzen, wo sie sich durch ihre Form und Farbe leicht tarnen können. Dieses Mal hat jedoch der Trick nicht funktioniert: Hier siehst du den Wasserskorpion und den Gelbrandkäfer wie sie die Wassernadel angreifen. Unsere skelettartige, spindeldürre Wassernadel ist nun keine Räuberin mehr, sondern selbst die Beute.

Nur auf dem Land geben sich die Wassernadeln dem Gesang hin. Die Töne, die sie ausstoßen, sind jedoch wegen des wenig entwickelten Stimmapparates nur schwach.

Hier sehen wir, daß viele Wassernadeln wie auf ein vereinbartes Zeichen hin den vertrauten Ort verlassen und zu einem anderen Teich fliegen.

Die Wasserspinne

Wem käme es in den Sinn, daß dieses haarige und wenig anziehende kleine Wesen (wir haben es hier ungefähr zehnmal vergrößert) eines der unternehmungslustigsten Tiere ist?
Alle körperlichen Merkmale hatten die Wasserspinne zu einem Tier gemacht, das auf dem Festland leben sollte. Seine Lungen zum Atmen des Sauerstoffs in der Luft, die Beine zum Laufen. Im Wesentlichen war sein ganzer Körperbau für das Leben auf dem Festland bestimmt. Jedoch gewöhnte sich dieser »Rebell« an das Wasser, seine neue Heimat. »Ihr sagt, ich hätte keine Kiemen, um wie die Fische im Wasser zu atmen«, scheint unsere kleine Spinne die Ungläubigen spöttisch zu fragen: »Schön, die Luft hole ich mir von der Oberfläche nach unten!« Gesagt, getan, dieser Fanatiker des Unterwassersports wird Taucher, ein Experte der »Hydromechanik«, und »erfindet« die »pneumatische Glocke«. Mit ihrem unendlich langen Seidenfaden, den die Spinndrüsen auf der Unterseite ihres Hinterleibes liefern, spinnt die Wasserspinne ihre »Glocke«, die sich einige Zentimeter unter der Teichoberfläche befindet.

Weißt du,
daß die Wasserspinne die einzige Spinne ist, die unter Wasser lebt? Daß unsere »Spinnerin« allen ihren Angreifern tatkräftig die Stirn bietet?

Lieblingsnahrung:

Larven von Wasserinsekten

Krebstiere

Unsere kleine Spinne taucht unter. Da der Ort geeignet ist, spannt sie mit den Fäden aus ihren Spinndrüsen zwischen zwei Stielen eine seidene Plattform.

Dann folgt ein ständiges Hin und Her zwischen der »Unterwasserbasis« und der Oberfläche. Die Luftblasen, die die Wasserspinne hier nach unten zieht, streift sie unter dem Gespinst ab, das langsam anschwillt.

Die Wasserspinne kommt nur dann aus ihrem Luftschloß hervor, wenn sie Jagd auf Beute macht, oder um sich mit Luft zu versorgen. Hier zieht sie sich ein Opfer in ihr Nest, um es dann auszusaugen.

Jetzt ist es Frühling, aber dies geschieht auch im Herbst: Ein Wasserspinnen-Männchen hat sich neben der Glocke eines Weibchens ebenfalls eine Luftglocke gebaut. Wenn gegenseitige „Sympathie“ besteht, spinnt das Männchen einen Gang, der beide Nester verbindet.

Bald werden die Kleinen aus den Eiern schlüpfen. Die eifrige kleine Mutter hat eine neue zweistöckige Glocke gebaut. In der oberen Glocke, die für die Nachkommenschaft bestimmt ist, sehen wir die Eier.

Wenn sie den Winter verbringen, schließen sich alle Wasserspinnen in ihre jeweiligen »Glocken« ein. Manche suchen sich ein leeres Schneckenhaus, dessen Eingang mit einer Seidenpforte verschlossen wird.

Die Teichmuschel

Die Muschel besteht aus zwei zusammengeklappten Schalen, die durch ein elastisches Schloßband zusammengehalten werden; es ist eine Art »Scharnier«. Diese Schalen sind ein sehr widerstandsfähiger Panzer und werden aus verschiedenen Schichten unterschiedlicher Substanzen gebildet. Die innere Schicht ist perlmutterartig, die äußere hornartig. Das Innenfutter der Muschel, auch Mantel genannt, ist eine fleischige Haut, die den Körper des Weichtieres umschließt.

Wir sind sicher erstaunt zu hören, daß die Muschel keinen Kopf hat. Sie besitzt einen großen Fuß, einen Darm, ein Herz, eine Leber, Nieren, sogar eine Art Mund, aber es ist schwer, einen Kopf auf ihrem Körper zu entdecken. Im Ruhestand steckt die Muschel mit dem Vorderende im Sand, die Schalen halb geschlossen und läßt einen Wasserstrom durch sich fließen (60 l pro Tag), aus dem sie sich durch ein besonderes Filterverfahren mikroskopisch kleine Organismen zu ihrer Ernährung entnimmt. Sollte plötzlich ein Störenfried auftreten, zieht sie die zwei Schließmuskeln schnell zusammen, um die Schalen zu verschließen und schlägt dem Eindringling gewissermaßen die Türe vor der Nase zu. Einige Muschelarten verrichten auch eine sehr wertvolle Arbeit: sie stellen Perlen her. Auch wenn heute Perlen von Meeresmuscheln preiswert zu kaufen sind, ist keiner enttäuscht, wenn er im Innern einer Teichmuschel eine kleine Perle findet; ein seltenes Geschenk dieser seltsamen Kreatur.

Weißt du,

daß ehemals das Fischen von Perlen aus Süßwassermuscheln und der Handel damit sehr blühte? Daß die Muschel sehr fruchtbar ist und bis zu einer halben Million Eier erzeugen kann?

Unser Weichtier zeigt hier die Schale. Der älteste, mittlere Teil heißt Wirbel (Zeichnung mit »Null«). Während des Wachstums vergrößert sich die Schale durch ständigen Zuwachs, der sich in Ringen anordnet: auf unserer Zeichnung sind es sieben Ringe.

Die kleinen Larven der Muscheln heften sich an den ersten Fisch, der vorbeischwimmt und verlassen auf diese Art und Weise ihre Geburtsstätte.

Der Weichkörper der Muschel ist mit einer Haut überzogen, die eine feste Substanz absondert. Ein in die Muschel eingedrungenes Sandkorn wird mit dieser Substanz überzogen und bildet eine Perle.

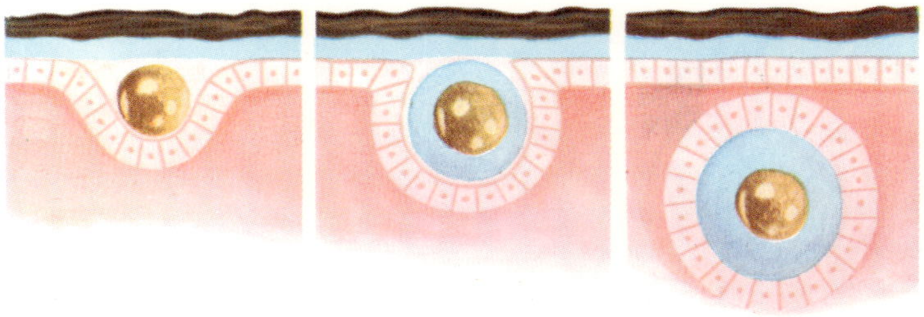

Hier siehst du im Querschnitt wie diese Umwandlung erfolgt: Der in die Muschel eingedrungene Körper wird allmählich durch eine Perlenschicht umschlossen. So entsteht die Perle.

Wie sich eine Muschel fortbewegt: 1. Sie streckt den Fuß unter dem Sand hervor. 2. Das Ende des Fußes wird breiter und heftet sich am Boden fest. 3. Mit einem Ruck hat die Muschel ihren ganzen Körper nach vorn bewegt.

So sind Atemröhren in Betrieb: Die eine saugt das Atemwasser an, die andere stößt es wieder aus, wie die kleinen Pfeile zeigen.

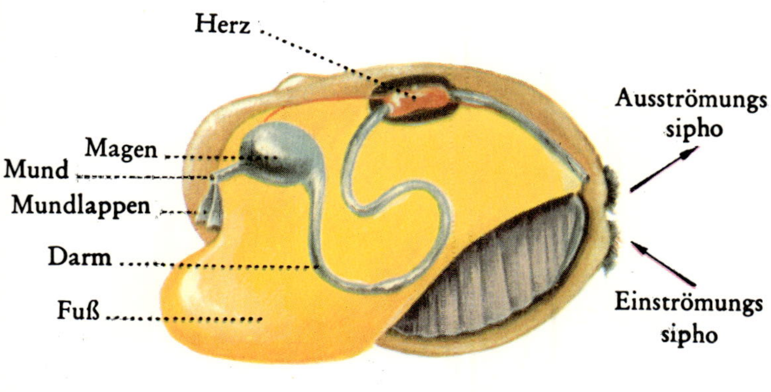

Hier die inneren Organe einer Muschel nach Abnahme einer Schalenhälfte:

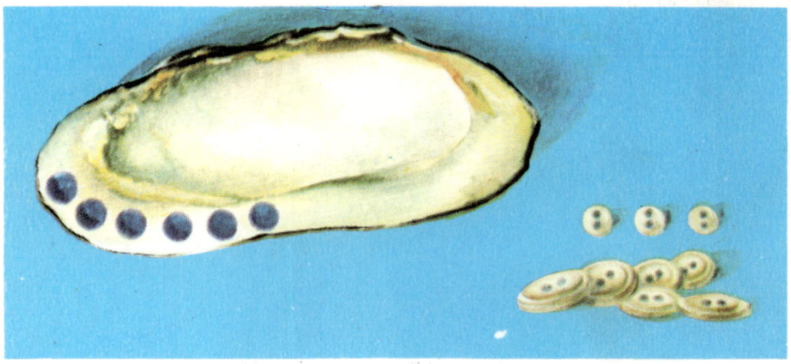

Die wirtschaftliche Bedeutung der Muschel: Aus der herausgestanzten inneren Schicht werden Perlmutterknöpfe hergestellt.

Die Beutelmeise

Sobald die Sonne am Horizont auftaucht, ist die Beutelmeise einer der ersten Vögel, der den jungen Tag jubilierend begrüßt. Dieser kleine singende Federball hat lebhafte schwarze Augen, über denen er eine schwarze »Maske« trägt. Der Auftritt des gefiederten Minnesängers ist bühnenreif: Er plustert sich auf, sieht sich um, hebt das graue Köpfchen hoch, als ob er sich vergewissern wollte, ob auch das Publikum auf den Rängen ihn betrachtet, und schon geht es los. Es ertönt eine aufreizende Arie mit Passagen in Kehlstimme, in Brusttönen und hohen Tönen. Dabei springt er zwischen den Brombeersträuchern umher. Es scheint fast so, als ob ein unsichtbarer Dirigent die raschen Tanzschritte dirigieren würde. Nach diesem Schauspiel beginnt der kleine Federfreund mit seiner Lieblingsbeschäftigung, dem Wohnungsbau. Mit einigen widerstandsfähigen Pflanzenfasern bildet er an einer Astgabel eine Art von Gehänge und baut sich sein Nest in Form einer Flasche. Unser kleiner arbeitsamer Vogel beschränkt sich nicht darauf, ein einziges Exemplar seiner außergewöhnlichen Wohnung zu bauen, sondern er richtet vier oder fünf Wohnungen her.

Weißt du,
daß in bestimmten Teilen Asiens, insbesondere in der Mongolei, die charakteristischen Nester dieser Vögel für medizinische Zwecke verwendet werden?

Lieblingsnahrung:

Insekten und Larven

Die Beutelmeise lebt von der Insektenjagd. Sie überrascht ihre Beute, wenn sich diese auf die Blumen niederlassen, um den Nektar zu sammeln.

Das Nest der Beutelmeise hängt immer an einem Baum, dessen Äste sich über dem Wasser befinden. Der Nesteingang weitet sich, wenn die Bewohner hindurchschlüpfen.

Alarm, Alarm! Die räuberischen Elstern greifen das Nest an, um die Eier zu rauben. Obwohl Vater Beutelmeise klein ist, kämpft er wie ein Löwe.

Ein Gewitter hat das Nest abgedeckt. Während die Beutelmeise es mit Pflanzenfasern repariert, brütet das Weibchen unerschrocken weiter.

Die Beutelmeisen sind geborene Akrobaten. Oft hängen sie mit dem Kopf nach unten, um zu schaukeln. Beim Fressen nehmen sie oft ihre Füße zu Hilfe.